Barbara Ellen Speckner

ICH WAR DABEI

SPECIAL OLYMPICS
NATIONALE SPIELE
BERLIN 2022

Bibliografische Information der Deutschen Nationalbibliothek:
Die Deutsche Nationalbibliothek verzeichnet diese Publikation in der Deutschen Nationalbibliografie;
detaillierte bibliografische Daten sind im Internet über http://dnb.dnb.de abrufbar.

Herstellung und Verlag: BoD – Books on Demand, Norderstedt

ISBN: 978-3-7562-1860-8

Vorab

Sport – Reisen – Fotografie

Diese drei Welten beschreiben die Interessen, die in meinem Leben eine große Rolle spielen.

Sport -

Schon in der Schulzeit war der Sportunterricht eines meiner Lieblingsfächer. Leichtathletik im Sommer auf dem der Schule nahegelegenen Sportplatz und im Winter in der Sporthalle in den letzten zwanzig Minuten Handball, Brennball usw. Beim Turnen, speziell bei Geräteturnen wie z. B. Stufenbarren war ich regelmäßig unpässlich.

Reisen -

Ab dem 25. Lebensjahr begann für mich die Zeit der Reisen ins Ausland. Großstädte gehörten in den ersten Jahren zu meinen bevorzugten Zielen. Paris, London, Rom, New York und die Städte in Nordeuropa waren für Gelegenheit mich mit meiner dritten großen Leidenschaft der

Fotografie -

zu beschäftigen. In der Schule gab es eine Foto AG, an der ich regelmäßig teilgenommen habe. Wie schön kann doch der Besuch von Schule sein.

Im Mai 1986 bot sich bei einem großen Sportereignis die Gelegenheit, Sport und Fotografie zu verbinden. Im Tennisstadion in Berlin Grunewald fanden die German Open im Tennis der Frauen statt. Die damals 16jährige Steffi Graf stand im Endspiel der Tennis Queen Martina Navratilova gegenüber.

Beruflich konnte ich Ende der 1990 Jahre wieder Sport - Medien und Reisen miteinander verbinden. Nach erfolgreichem Abschluß der Fachhochschulreife 1991 und 1998 erfolgreicher Ablegung der Abschlußprüfung zur Erlangung des Wirtschafts-Diplom Betriebswirt (VWA) , beides auf dem zweiten Bildungsweg neben einer Vollzeittätigkeit, begann ich eine Tätigkeit als Senior Consult in einem in Wiesbaden ansässigen IT Unternehmen. Einsatzbereich waren die Medien wie TV, Radio, Theater etc., das Einsatzgebiet umfasste ganz Deutschland und so pendelte ich zwischen Bremen Radio Bremen und München Premiere heute SKY / DSF heute Sport1 hin und her. Sportevents konnte ich aus zeitlichen Gründen nur an Fernsehgeräten in den jeweiligen Hotels verfolgen.

April 2000 wechselte ich zu einer Tochterfirma des italienischen Automobilkonzerns FIAT. Haupteinsatzort war Berlin.

Nun, da ich wieder über mehr Freizeit und planbarere Urlaubszeiten verfügte, veränderten sich auch meine Reiseziele. Asien wollte ich kennenlernen. China und Japan kannte ich nur von Reisedokumentationen. In den folgenden zwei Jahren beschäftigte ich mich intensiv mit Geschichte, Kunst, Sprache und Schrift dieser Länder.

Im Herbst 2002 kam dann sehr überraschend die Nachricht von der Konzernzentrale, dass der Standort Berlin zum 30.6.2003 aufgelöst wird und damit mein Arbeitsplatz wegfällt bzw. ich gerne an einen anderen Standort nach Süddeutschland wechseln könnte.

Nachdem ich das verdaut hatte bin ich kurzfristig über Weihnachten und Neujahr 2002/2003 für eine Woche nach Hong Kong geflogen. War schon etwas Besonderes an einem 24.12. in einem Flugzeug zu sitzen.

Weiterhin hatte ich geplant Anfang Februar 2003 für eine Woche nach Peking und Shanghai zu fliegen, um dort meinen 46. Geburtstag zu feiern.

Doch es kam alles anders.

Ende Januar 2003 bekam ich eine schwere Krankheit, die mein ganzes bis dahin geführtes Leben veränderte.

**Unser größter Erfolg ist nicht niemals hinzufallen,
sondern jedes Mal wieder aufzustehen wenn wir fallen.**

**Our greatest glory is not in never falling,
but in rising every time we fall.**

Konfuzius

Nach etwa zwei Jahren, mehreren Monaten Krankenhaus / Rehabilitationsmaßnahmen bin ich wieder aufgestanden.

MEIN NEUES LEBEN

hatte begonnen.

Wie alles begann

SEI DABEI !

2006 Gala Berlin

8.Juni 2006 im Olympiastadion Berlin

Bewirb Dich jetzt als freiwilliger Darsteller oder Helfer unter:

www.fifaworldcup.com /gala

HURRA ICH BIN DABEI – Meine Bewerbung war erfolgreich. Ab November 2005 bin ich als Volunteer für Organisation / Medien eingesetzt und habe die Möglichkeit, von den Vorbereitungen bis zum Event mitzuwirken.

Anfang Januar 2006 erfolgte dann die offizielle Absage der Gala.

Was für eine Enttäuschung. Drei Wochen später erhielt ich ein Paket mit einem Brief von der FIFA „Es tut uns sehr leid, aber die Gala wird abgesagt. Als kleinen Trost erhalten Sie den WM Fußball Teamgeist Replica".

Ende März bekam ich wieder einen Brief. Absender System Modern GmbH. Dies war eine Einladung als Freiwillige Darsteller oder Helfer bei der Closing Ceremony, die von André Heller gestaltet wird. Die Choreografie wird Doug Jack leiten.

ICH WAR DABEI

Closing Ceremony

Fußball Weltmeisterschaft 2006 in Deutschland

Finale am 9.7.2006 im Berliner Olympiastadion

SPECIAL OLYMPICS BEWEGUNG

Special Olympics wurde 1968 von Eunice Kennedy-Shriver, einer Schwester von John F.Kennedy, gegründet. Hintergrund war die Behinderung ihrer Schwester Rosemary, der sie eine sportliche Aktivität unter Wettbewerbsbedingungen ermöglichen wollte.

Vorsitzender des Dachverbandes Special Olympics International (SOI) ist Timothy Shriver, der Sohn von Eunice Kennedy-Shriver.

Special Olympics ist weltweit die größte Sportbewegung für Menschen mit Behinderung und Mehrfachbehinderung, mehr als 170 Nationen sind der Organisation angeschlossen.

Special Olympics Deutschland (SOD) ist am 3.10.1991 gegründet worden, offiziell anerkannt vom Internationalen Olympischen Komitee (IOC) und damit berechtigt, Sportveranstaltungen zu veranstalten, die dem Olympischen Zeremoniell entsprechen: Das Hissen einer Olympische Flagge, das Entzünden einer Olympischen Flamme, einer Hymne und dem Eid.

Als Ebene zwischen SOI fungiert für Deutschland der Kontinentalverband Special Olympics Europa-Eurasien (SOEE).

Special Olympics Deutschland (SOD) wird organisiert von 16 Landesvertretungen (LV).

www.specialolympics.de

IN JEDEM VON UNS STECKT EIN HELD

Anfang 2010 bekam ich eine Mail vom SOD Landesverband (LV) Bremen mit der Anfrage ob ich die

National Games 2010 Bremen vom 14. - 19. Juni 2010

mit der Kamera begleiten möchte.

Auf nach Bremen

Ich hatte keine genaue Vorstellung davon, was ich in den nächsten achtzehn Monaten erleben würde.

Mein Dank gilt dem Landesverband Bremen von Special Olympics Deutschland, die für die Organisation und Durchführung der National Games unter der Regie des Präsidenten des Organisationskomitees Prof. Dr. Hans-Jürgen Schulke sowie den engagierten Mitarbeitern der Geschäftsstelle Oliver Senger, Susanne Jahn, Matti von Harten, Tom Hauthal u.v.a. mit verantwortlich waren.

In Vorbereitung der National Games 2010 wurde von SOD am 26.5.2010 ein Medientag in Berlin veranstaltet, zu dem ich offiziell eingeladen wurde. Vom dem recht umfangreichen Tagesprogramm habe ich mir zwei Stationen ausgesucht:

11.00 Uhr Besuch des Museum THE KENNEDYS am Pariser Platz

15.30 Uhr Start Special Olympics Fackellauf vor dem Reichstag

Museum THE KENNEDYS, Pariser Platz 4a, 10117 Berlin

Begrüßt wurde die SOD Delegation von der Leiterin des Museums Frau Kathy Alberts, die uns durch die Ausstellung führte. In einer speziellen Vitrine wurden u.a. Dokumente, Medaillen usw. ausgestellt, die einen schönen Überblick auf das Jahr der Gründung von SOI geben.

Herr Kai Troll, Direktor Special Olympics Europe/ Eurasia, gab uns einen Überblick zur Geschichte von Special Olympics und zur internationalen Struktur.

Zum Abschluß berichtete und kommentierte Prof. Dr. Hans-Jürgen Schulke aus dem Buch von

Willi Lemke „ Ein Bolzplatz für Bouaké "

Wie der Sport die Welt verändert und warum ich mich stark mache für die Schwachen.

Das Kapitel 11 - Stolpern mit Plüschteddys – die Special Olympics in Idaho

Buchtipp: 2010 DVA München ISBN 978-3-421-04453-2 www.dva.de

Das Museum THE KENNDYS in Berlin wurde Ende Januar 2019 geschlossen und befindet sich seitdem mit seiner Ausstellung auf Weltreise.

www.thekennedys.de

Ablaufplan Fackellauf Berlin am 26.5.2010

Schirmherr der Veranstaltung: Berliner Bundestagspräsident Prof. Dr. Norbert Lammert, Start gegen 16.00 Uhr am Reichstag

An den vorgesehenen Stationen erfolgt jeweils eine Weitergabe der Fackel an die Läufer, es erfolgt eine Begrüßung von Repräsentanten und ein Fototermin.

Repräsentanten:

Bundestagsvizepräsident Wolfgang Thierse, Präsident SOD Gernot Mittler,
Präsident des OK der National Games Prof. Dr. Hans-Jürgen Schulke,
Vizepräsidentin SOD Brigitte Lehnert und der
Athletensprecher von Special Olympics Berlin Jens Rikwald.

Mit dabei sind die Sportpaten Jenny Wolf, vielfache Weltmeisterin im Eisschnelllauf und

Natascha Keller, Hockey Olympiasiegerin 2004.

Die Strecke ging über 4 km durch das Brandenburger Tor bis zum Roten Rathaus, wo die Teilnehmer gegen 17.30 Uhr im Innenhof empfangen werden.

Weitere Fackelläufe fanden in mehreren Städten statt.

Berlin, 29.5.2010 zum Tag der Offenen Tür im Bundesrat
München und Mannheim 29.5.2010 - Fulda 2.6.2010 - Erfurt 3.6.2010 - Neuss 5.6.2010 -
Altenberg 6.6.2010 und Bitburg 12.6.2010

Bremen 12.6.2010

Ankunft der Fackel am Bremer Rathaus.
Empfang durch den Bremer Bürgermeister Jens Börnsen.

Drei Wochen nach Abschluss der National Games Bremen 2010 hatte ich wie mit den Organisatoren vereinbart, eine Foto DVD erstellt, die an die Sponsoren der Spiele als kleines Dankeschön weitergeleitet wurde.

MEINE NATIONAL GAMES 2010 – ICH WAR DABEI
Ein Tagebuch in Bildern

12.6.2010 Ankunft der Special Olympics Fackel am Bremer Rathaus
13.6.2010 Rundgang in Bremen
14.6.2010 Empfang der ausländischen Delegationen im Rathaus von Bremen - Begrüßung von eintreffenden Delegation am Bahnhof bzw. bei der Akkreditierung.
19.30 Uhr Eröffnungsfeier Bremen Arena - It's Show Time

Einzug von Volunteers als Schilderträger der 16 LV / ausländische Delegationen - Begrüßung durch SOD Präsident Gernot Mittler
Fahnenträger u.a. Prinz Leopold von Bayern bringen die Fahne in die Stadthalle - Videobotschaft von Per Mertesacker
zugeschaltet vom Trainingscamp in Südafrika - Fußball Weltmeisterschaft

Ankunft des Olympischen Feuers getragen von den Athleten Pascal Genoux und Eduard Merkel, der gemeinsam mit Marco Bodo vom SV Werder Bremen
das Feuer entzündet.

Jenny Schröder singt die Hymne „Let me win"

Athleten Eid gesprochen vom SOD Athletensprecher Roman Eichler und Frank Baumann, Sportpate und Ehrenspielführer des SV Werder Bremen

„Lasst mich gewinnen,
doch wenn ich nicht gewinnen kann,
so lasst mich mutig mein Bestes geben"

Offizielle Eröffnung Special Olympic National Games 2010 durch den Bremer Bürgermeister Jens Börnsen

15.6.2010 bis 17.6.2010	Besuch von Wettbewerben, Siegerehrungen, Olympic Town, Healthy Athletes Familienabend, Athletendisco

18.6.2010 National Games Abschlußfeier in der Bremen Arena ab 18.30 Uhr

Moderation: Andre Pfitzner, Radio Bremen und
Michael, Athlet der Lebenshilfe Bremerhaven

Ehrengast DOSB Präsident und IOC Vizepräsident Dr. Thomas Bach

It's Show Time

ab 19.15 Uhr Beginn der offiziellen Zeremonie

Mitwirkende: Jens Börnsen , Gernot Mittler,
Bürgermeister Altenberg Thomas Kirsten und
Special Olympics Deutschland Athletensprecher Roman Eichler

Zeremoniell : Die Fahne wird eingeholt. Übergabe der Fahne von Jens Börnsen
und Roman Eichler an den Bürgermeister von Altenberg Thomas Kirsten.

Altenberg ist Austragungsort der Special Olympics Winterspiele 2011

Gernot Mittler beendet offiziell die Spiele 2010.

Das Feuer erlischt.

Jenny Schröder singt gemeinsam mit dem Chor des Schulzentrum Findorff die
Special Olmpics Hymne „ Let me win"

Ende der Veranstaltung gegen 20.30 Uhr

19.6.2010 Verabschiedung der Helden

Bobby Medienpreis 2010

Alljährlich verleiht die Bundesvereinigung Lebenshilfe für Menschen mit Behinderung e.V. den Bobby Medienpreis. Die Bronzeskulptur, gestaltet vom Künstler Markus Wallner aus München benannt nach Bobby Brederlow , Schauspieler mit Behinderung und erster Preisträger, würdigt Menschen, die sich in besonderem für die Belange von Menschen mit Behinderungen einsetzen.

Am 15. November 2010 hat Robert Antretter, der Bundesvorsitzende der Lebenshilfe, in der Landesvertretung Bremen in Berlin den Preis an Willi Lemke überreicht.

Willi Lemke, langjähriger Manager des SV Werder Bremen e.V. wechselte 1999 in die Politik und wurde Bildungssenator in Bremen. 2008 berief ihn der Generalsekretär Ban Ki - Moon zum UN-Sonderberater für Sport im Dienst von Entwicklung und Frieden.

Besonders stolz bin, daß Willi Lemke mich zu dieser Veranstaltung persönlich eingeladen hat, ein schönes Wiedersehen mit Athleten der Lebenshilfe Berlin e.V.

IN JEDEM VON UNS STECKT EIN HELD

Special Olympics National Winter Games 2011 Altenberg

Anfang März war es dann soweit. Meine ersten SOD Winterspiele. Wintersport ist nicht meine beste Disziplin, aber es waren tolle Tage in Altenberg. Neben den Athleten der Deutschen Landesverbände waren Athleten mit Betreuern und Familienangehörigen aus Österreich, der Schweiz, Polen und den Niederlanden angereist und haben den Spielen einen internationalen Glanz vermittelt.

Besonders interessant und emotional waren die Wettkämpfe im Eiskunstlauf. Ganz wie bei den professionellen Eiskunststars wurden nach der gezeigten 3 Minütigen Kür, den Pirouetten und im Rahmen der eigenen Möglichkeiten gezeigten Sprünge und Drehungen, Plüschtiere und kleine Geschenke von den mitgereisten Familien oder Betreuern auf die Eisfläche geworfen. Unter großen Jubel der Zuschauer mussten diese dann eingesammelt werden, was für so manchen Athleten die größere sportliche Herausforderung war.

Nach einer tollen Abschlussfeier waren alle froh wieder zu Hause zu sein. Selbstverständlich gab es, wie schon zu den vorherigen Nationalen Spielen der Special Olympics eine Foto- und Video DVD mit den schönsten Momenten der Spiele.

Im Oktober 2011 stand dann die nächste Veranstaltung bei Special Olympics Bremen an.

IN JEDEM VON UNS STECKT EIN HELD

Regionale Spiele vom 5. - 7. Oktober 2011

Veranstaltungsorte der Sportarten Fußball, Schwimmen, Leichtathletik, Tischtennis, Boccia und Radsport waren das Gelände der Universität in Bremen, sowie die Sporthalle Horn und das Gelände vom Reiterverein St. Georg.

5.10.2011   Anreise und Akkreditierung –
             Eröffnungsfeier Halle 7 in der Messe Bremen

6.10.2011   Klassifizierung, Finals, Siegerehrungen, Wettbewerbsfreies Angebot,
             Heather Athletes und Athletendisco

7.10.2011   Finals, Siegerehrungen

             Schlussfeier mit Olympischen Zeremoniell ab 17.00 Uhr Uni-Sporthalle

Insgesamt 1241 Athleten haben an den Spielen teilgenommen. Dem Eid entsprechend:

> „Lasst mich gewinnen,
> doch wenn ich nicht gewinnen kann,
> so lasst mich mutig mein Bestes geben"

habe ich spannende, lustige und emotionale Tage in Bremen mit allen Beteiligten erlebt.

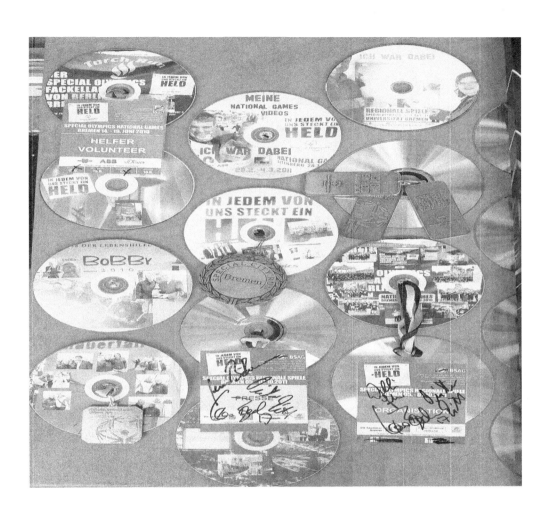

Why be a Volunteer ?

It's not for money, it's not for fame.

It's not for any personal gain.

It's just for love of fellowman.

It's just to send a helping hand.

It's just to give a title of self.

That's something you can't buy with wealth.

It's not medals won with pride.

It's for that feeling deep inside.

It's that reward down in your heart.

It's that feeling that you've been a part.

Of helping others far and near,

that makes you be a Volunteer !

Author Unknown

ICH WAR DABEI – DA WAR DOCH NOCH WAS

DFB Pokalfinale Berlin 2006 – 2012/2015

Einsatzbereich: Foto-Volunteer

12.IAAF Leichtathletik Weltmeisterschaften berlin 2009™

Einsatzbereich: Ticketing, Synage / Foto Volunteer Medal Ceremonies

Journey of the youth olympic flame 2010

Einsatzbereich: Presse www.dw.com/en/berlin-welcomes-the-youth-olympics-flame

FIFA Women's World Cup Germany 2011

Einsatzbereich: Closing Ceremony Show Frankfurt/Main

100 Meilen Berlin - Der Mauerweglauf 2013 - 2015

Einsatzbereich: Fotografin 2013 und 2014 –
2015 Fahrrad Begleitung Strecke Staffel der Lebenshilfe Berlin e.V.

EMC EUROPEAN MACCABI GAMES BERLIN 2015

Einsatzbereich: Head of Medal Ceremonies

Internationales Turnfest 2017 Berlin

Einsatzbereich: Presse all Areas

IBSA Blind Football European Championships 2017 Berlin

Einsatzbereich: Presse / Medien

Special Olympics *Newsletter*

Die Webseite www.specialolympics.de stellt die Organisation Special Olympics Deutschland e.V. (SOD) dar. Hier ist es möglich einen monatlich erscheinenden *Newsletter* zu abonnieren.

Im *Newsletter* - Archiv kann man sich derzeit bis November 2013 zurück über die Ereignisse, Veranstaltungen und Neuigkeiten der jeweiligen Landesvertretung (LV) von SOD informieren.

Dies war und ist für mich bis heute die Möglichkeit rundherum über SOD informiert zu sein.

Newsletter November 2014
Christiane Krajewski, Ministerin a.D. Aus dem Saarland, wurde am 15. November 2014 von der Mitgliederversammlung von Special Olympics Deutschland e.V. in Frankfurt/Main zur neuen Präsidentin gewählt. Sie ist die Nachfolgerin von Gernot Mittler, der dieses Amt seit 2005 inne hatte und in der Mitgliederversammlung zum Ehrenpräsidenten von SOD ernannt wurde.

Newsletter Oktober/November 2016
Special Olympics Deutschland e.V. feiert am 3.10.2016 in Berlin das 25 jährige Jubiläum.

Newsletter Februar 2018
Elke Büdenbender, die Ehefrau vom Bundespräsidenten Frank-Walter Steinmeier, übernimmt die Schirmherrschaft der Nationalen Spiele 2018 in Kiel. Unter dem Motto „Gemeinsam Stark" werden im Mai 2018 über 4500 Athlet*innen an den Start gehen.

Bereits im Januar 2018 hatte ich mich für diese Nationalen Spiele beworben.

Die Special Olympics Winterspiele Bayern finden vom 21.-24. Januar 2019 in Reit im Winkl statt. Dies besiegelten Josef Heigenhauser, 1. Bürgermeister der Gemeinde Reit im Winkl und Joachim Kesting, 1. Vorsitzender von Special Olympics Bayern.

ICH WAR DABEI

Special Olympics Nationale Spiele 2018
Einsatzbereich: Einsatzbereich: Tischtennis – Organisation und Durchführung der
Siegerehrungen - https://kiel-2018.specialolympics.de/

DANKE Kiel !

Newsletter **Mai 2018**
Berichterstattung von den Spielen mit Fotogalerien und Pressemitteilungen

Newsletter JUNI/JULI 2018

In den nachfolgenden Newslettern wird von der bevorstehenden Bewerbung um die Special Olympics Weltspiele 2023, sowie von den geplanten Feierlichkeiten zum bevorstehenden 50 jährigen Jubiläum von Special Olympics International berichtet

Newsletter November 2018

Dieser Newsletter gibt einen umfangreichen Überblick zum Thema Bewerbung
Special Olympics World Summer Games 2023

Am 13.11.2018 war es dann soweit.

Deutschland ist Gastgeber der SPECIAL OLYMPICS WORLD SUMMER GAMES 2023.
Ein Jahr zuvor in Berlin werden die Special Olympics Nationalen Spiele 2022 stattfinden.

Newsletter Januar 2019

Wichtige Termine und Veranstaltungen im Jahr 2019

Der Höhepunkt des Sportjahres werden die Special Olympics World Summer Games 2019 in Abu Dhabi (08. - 21.03.2019) sein.

Special Olympics Bayern Winterspiele in Reit im Winkl 2019

Bei den Wintergames von Special Olympics Bayern in Reit im Winkl war ich als Fotografin während der gesamten Veranstaltung eingesetzt. www.specialolympics.de

Newsletter Januar 2019

Berichterstattung von den Spielen mit den Fotogalerien und Pressemitteilungen

Newsletter September und Oktober 2020

Seit dem 20. September, genau 1000 Tage vor der Eröffnungsfeier der Special Olympics World Games in Berlin, können sich zukünftige Volunteers über die offizielle Website registrieren. Geplant für die World Games sind bis zu 20.000 freiwillige Helfer*innen für die Nationalen Spiele 2022 rechnen die Veranstalter mit etwa 2500 Volunteers.
Anmeldung:https://www.berlin2023.org/volunteers

Newsletter Dezember 2021

Motto und Logo der Special Olympics World Games Berlin 2023 werden vorgestellt.

Das LOC (Local Organizing Committee) der Special Olympics World Games Berlin 2023 hat offiziell das neue Logo und das Motto der Weltspiele Berlin 2023 präsentiert.

Die Spiele werden unter dem Motto *#ZusammenUnschlagbar* stattfinden.

Newsletter Januar 2022

Die neuen Webseiten für B22 und B23 sind online

Nach Veröffentlichung der Logos für die Special Olympics World Games Berlin 2023 sowie die Special Olympics Nationalen Spiele Berlin 2022 sind nun auch die offiziellen Veranstaltungswebseiten online gegangen.

www.berlin2022.org   **www.berlin2023.org**

Newsletter Februar 2022
Nach erfolgreicher Registrierung kann man sich bis 25.3.2022 als Volunteer bewerben.

Sportmetropole Berlin

Berlin ist neben einer Kultur- und Filmstadt auch eine Sportmetropole. Alljährlich finden in verschiedenen Sportarten nationale und internationale Wettbewerbe, von der Kreisklasse bis zu den Weltmeisterschaften statt. Die Liste der großen Sportevents in Berlin seit 2009 ist lang und prominent, die Leichtathletik Weltmeisterschaften 2009, European Maccabi Games 2015, Internationales Deutsches Turnfest 2017, Leichtathletik Europameisterschaften Berlin 2018 und die Die Finals Berlin 2019.

Der Bär als Wappentier der Stadt Berlin

Das offizielle Symbol der Stadt Berlin stellt heute, das allein der Berliner Senat autorisieren darf, einen dressierten Bären mit roter Zunge und Krallen dar, darüber eine fünfblättrige Krone und zwei rote Streifen.

Berliner Bär – BUDDY Bär

Angefangen hat alles im Juni 2001 in Berlin. In der Tauentzienstraße vor dem Kaufhaus des Westens wurde die "Buddy Bär Berlin Show" eröffnet. Von da an galt der Welt - Buddy Bär als Symbol der Freundschaft und Offenheit für die Stadt. Nicht nur in Berlin begegnet man den zwei Meter großen Buddy Bären, sondern auch in der ganzen Welt, vor den Botschaften und Konsulaten in Bangkok, Thailand; Brasilia, Brasilien; Canberra, Australien; Neu Dehli, Indien; Ottawa, Kanada; Tokio, Japan; Washington, USA.

In einer kleinen Ausführung in der Höhe 22 cm wird er gern bei Veranstaltungen, wie Siegerehrungen, Preisverleihungen mit unterschiedlichen Motiven bemalt als Souvenir der Stadt Berlin und als Erinnerung des Events in die Welt geschickt.

www.buddy-baer.com - www.buddy-fans.de - www.berliner-baerenfreunde.de

Die Sportarten und Sportstätten

Bei den Nationalen Spielen werden ca. 4000 Athlet*innen in zwanzig Sportarten um Medaillen und Auszeichnungen kämpfen und ihre Bestleistungen zeigen.

Für die Nationalen Athlet*innen ist die erfolgreiche Teilnahme an den Nationalen Spielen 2022 die Voraussetzung für eine mögliche Nominierung zu den Special Olympics World Games 2023 in Berlin.

Die Sportarten werden an den unterschiedlichsten Wettbewerbsstätten in und um Berlin ausgetragen.

Beach Volleyball im Olympiapark
Messe Berlin Badminton in der Halle 1.2 Basketball in der Halle 3.2 und Judo in der Halle 5.2a
Tennis durch den Tennisclub SC Brandenburg e.V. neben den Messehallen
Freiwasserschwimmen und Kanu auf der Regattastrecke Grünau
Fußball auf dem Maifeld im Olympiapark
Handball im Horst – Korber - Sportzentrum
Kraftdreikampf im Velodrom
Leichtathletik im Hanns-Braun-Stadion
Radfahren auf der Straße des 17.Juni
Reiten und Voltigieren im Reitclub am Olympiapark
Roller Skating und Tischtennis in der Eissporthalle Charlottenburg
Schwimmen in der Schwimm- und Sprunghalle im Europasportpark SSE
Triathlon im Olympiapark

Die Sportarten Boccia in der Rudolf-Harbig-Halle und Bowling in der Bowling World an der Eastside Gallery finden aus organisatorischen Gründen ohne Zuschauer statt.

www.berlin2022.org

Eine Besonderheit bei Sport-Events wie Nationale Spielen, Regionalen - und Landesspielen von Special Olympics ist

Special Olympics Unified Sports®

In vielen verschiedenen Sportarten besteht die Möglichkeit, dass Menschen mit und ohne geistige Behinderung als Athlet*innen und Unified Partner*innen gemeinsam Sport treiben. www.specialolympics.de/sportangebote/so- unified-sports

Bei den Nationalen Spielen Berlin 2022 wurden fast in jeder Unified Sportart mit ihren gemischten Teams ihre Bestleistungen gezeigt.
Einen Überblick der Sportarten und Sportstätten, Zeitpläne und Regeln, auch in Leichte Sprache vermittelt www.berlin2022.org/Sport.

Ebenso gehört zu einer Special Olympics Veranstaltung das Programm

Wettbewerbsfreies Angebot
Ein Mittmach Parcour hat   auf den August Bier Sportplätzen im Olympiapark Gelände zu sportlichen Aktivitäten eingeladen.

Vom 18.6.-24.6. 2022 stand der Neptunbrunnen am Alexanderplatz im Mittelpunkt des
Special Olympics Festival
Ein Höhepunkt war sicherlich das Eintreffen der Olympischen Flamme am 18.6.2022 zum Familientag aus den verschiedenen Regionen Deutschlands und das Entzünden der Flamme in der Zeit von 16.30 Uhr – 17.00 Uhr gewesen.

Weiterhin gehörten ein umfangreiches
Kulturprogramm und das besondere **Familienprogramm** zu den Veranstaltungen rund um den Sport.

www.berlin2022.org

Der Fackellauf:

ist traditionell der Auftakt für die Special Olympics Landesverbände und Special Olympics Deutschland zur Einstimmung auf die Spiele im Juni 2022 gewesen.

Den Auftakt machte am 5.5.2022 der Bremer Landesverband.

Am 19.5.2022 fand in Berlin der Fackellauf statt.

Start war am Brandenburger Tor, vorbei am Potsdamer Platz ging es zum Abgeordnetenhaus von Berlin, wo wir sehr herzlich empfangen wurden. Übergabe der Fackel an den Präsidenten des Abgeordnetenhauses von Berlin Dennis Buchner.

Begleitet wurden wir von den Maskottchen der Berliner Sportvereine vom Fußball, Eishockey, Basketball und Handball.

Mit dabei waren auch die Staatssekretärin für Sport Dr. Nicola Böcker-Giannini, der Präsident des Landessportbundes Berlin Thomas Härtel sowie der 1. Vorsitzender des SCL Sportclub Lebenshilfe Berlin e.V. Stefan Schenck.

Die Organisatoren des Fackellaufs Karin Halsch und Philipp Bertram von SO Berlin begleiteten selbstverständlich die etwa 90 Läufer*innen.

Weitere Fackelläufe fanden in mehreren Städten statt.

Weißenfels 20.5.2022 - Kiel 27.5.2022 - Düsseldorf 5.6.2022 – Hamburg 17.6.2022

GESUNDHEITSPROGRAMM HEALTHY ATHLETES® – GESUNDE ATHLETEN

Das Gesundheitsförder- und Präventionsprogramm Healthy Athletes® von Special Olympics umfasst weltweit zielgruppenspezifische Beratungen und Kontrolluntersuchungen. Die Athleten*innen können diese Angebote bei regionalen, nationalen und internationalen Special Olympics Sportwettbewerben kostenlos in Anspruch nehmen.

Das Programm umfaßt sieben Bereiche -

- Fit Feet – Fitte Füße Fußdiagnostik und Ganganalyse -

- FUN fitness – Bewegung mit Spaß Untersuchung motorischer Fähigkeiten und körperlicher Fitness -

- Health Promotion - Gesunde Lebensweise Beratungen zur Ernährung, Blutdruck, Gewicht, Raucherprävention und Sonnenschutz -

- Healthy Hearing – Besser Hören Programm zum Hören -

- Special Olympics-Lions Club International Opening Eyes – Besser Sehen Untersuchung der Sehkraft und Anpassung von Brillen

- Special Smiles® – Gesund im Mund Zahnärztliche Untersuchungen und Beratungen zur Mundhygiene -

- Strong Minds – Innere Stärke Beratungen zum Psychischen Wohlbefinden.

    Quelle: www.specialolympics.de /Gesundheit - www.berlin2022.org

Bei den Nationalen Spielen Berlin 2022 wurden Volunteers mit medizinischem Hintergrund eingesetzt.

www.berlin2022.org

Freiwillige Helferinnen und Helfer

Nach erfolgreicher Registrierung ist eine Bewerbung als Volunteer über die Webseite

www.berlin2023.org

möglich.

Nach Angabe der persönlichen Daten von Name, Wohnort ist eine Auswahl unter drei möglichen Arten einer Tätigkeit als Volunteer zu treffen.

- Key Volunteer – hat Erfahrungen als Volunteer, verfügt über die Bereitschaft eine Gruppe von Volunteers zu leiten mit ca.10 Einsatztagen

- Gemeinsam mit einem Volunteer mit geistiger Behinderung ein Tandem Team zu bilden mit ca. 5 Einsatztagen.

- Volunteer allgemein, was natürlich den Großteil der benötigten Volunteers ausmacht mit ca. 5 Einsatztagen.

Das Angebot der Einsatzbereiche ist sehr vielfältig. Von Akkreditierung bis Zeremonien hat man die Auswahl aus zwanzig Bereichen.

www.berlin2022.org

100 Tage bis zum Beginn der
SPECIAL OLYMPICS NATIONALEN SPIELE BERLIN 2022

11.3.2022, ein besonderer Tag, so finde ich und melde mich als Volunteer für die Spiele im Volunteer Management System an.

Ich möchte gern als Key Volunteer eingesetzt werden im

1. Bereich Zeremonien
Aufgaben: Teilnahme an der Planung, den Proben für die Eröffnungs- und Abschlußfeier. Unterstützung der Athlet*innen und anderen Akteur*innen während der Zeremonien.

oder

2. Bereich Volunteer Management
Aufgaben: Unterstützung des Orgateams bei Einsatzplanung , Betreuung und Unterstützung von Volunteer - Lounges und - Aktivitäten

oder

3. Bereich Medien
Aufgaben: Unterstützung und Hilfe in den Medien Zentren

Volunteer Interview mit Franziska 29.3. per ZOOM

Per Link werde ich mit Franziska verbunden.

In dem Interview bekomme ich in zwanzig Minuten erste Informationen über Aufgaben als Volunteer und den weiteren zeitlichen Ablauf der Vorbereitungen auf die Spiele.

Am 25. April 2022 erreicht mich dann die Mail:
HURRA Ich bin dabei : Key Volunteer im Bereich Zeremonien

Schulung und Vorbereitung auf die Spiele

Das erste Allgemeine Training am 5.5.2022 von 18.00 Uhr bis 20.00 Uhr ZOOM Meeting
Volunteer Team :
Ina, Olli, Einrico, Larry, Anna Milena, Franziska, Saurabh, Michelle,

Das Training wird auf Deutsch abgehalten, eine Simultandolmetschung in Deutsche Leichte Sprache, Deutsche Gebärdensprache und Englisch ist verfügbar.

Bei der zweistündigen Veranstaltung waren über 440 Volunteers zugeschaltet.
Interessant finde ich, daß von den ca. 40 % aus Berlin/Brandenburg, ca. 20 % aus Süddeutschland und ca. 5 % aus dem Ausland, fast 80 % dieses Personenkreises bei den Nationalen Spielen das erste Mal bei einem Special Olympics Event als Volunteer eingesetzt werden.
Nach einer informativen Einführung zu Special Olympics wurden alle Bereiche die für den Einsatz als Volunteer angesprochen.

3.Juni 2022 Zeremonien Key Volunteer ZOOM Meeting

mit den Organisatoren der Eröffnungs- und Abschlußfeier der

SPECIAL OLYMPICS NATIONALE SPIELE BERLIN 2022

Wir lernen das Team Zeremonien kennen und werden über die geplanten Abläufe der Events im Stadion an der Alten Försterei und dem Brandenburger Tor informiert.

In den nächsten Tagen fanden weitere ZOOM Meeting mit den für die Zeremonien eingeteilten Volunteers statt.

Aus den Einsatzbereichen für die Eröffnungsfeier;

Parade der Athlet*innen, Programm Volunteers, Künstlerbetreuung und Produktion, können die Volunteers im Volunteer Management System rosterfy ihre gewünschten Arbeitsbereiche und zeitlichen Verfügbarkeiten bei Schichtplan eintragen.

9.6. KICK OFF für alle Volunteers

In dem schon bekannten ZOOM sind Hunderte von Volunteers zugeschaltet.

Wir lernen den Geschäftsführer Special Olympics Deutschland Sven Albrecht und den SOD Athletensprecher Mark Solomeyer kennen, die uns herzlich begrüßen.

Weitere Teilnehmer dieser Online Veranstaltung sind vom Volunteer Management Franziska, Larry und die Athletin Caroline, die uns durch das einstündige Programm führt.

Frau Dr. Böcker-Giannini, Staatssekretärin für Sport, die uns ebenfalls freundlich begrüßt, ist die Vorfreude und Spannung auf die Nationalen Spiele anzumerken.

Die Fragen an die Beteiligten können per Chat gestellt werden, eine Dolmetscherin in Gebärdensprache ist ebenfalls dabei.

Nach einem Online Quiz beendet Caroline den offiziellen Teil und wer möchte kann sich bei dem „Informellen Virtuellen Kennenlernen Programm" anmelden.

10.6. Akkreditierung und Weiteres

Zusammen mit Angelika Kautzsch die ich, so wie Key Volunteer Rad Florian Schneider, Key Volunteer Golf Karin Stegemann seit 2006 kenne, fahre ich zum Reiterstadion am Olympiapark. Dort befindet sich das Uniform Verteilungs- und Akkreditierungscenter – Uniform Distribution and Accreditation Center (UDAC)

Das ist für jeden Volunteer die erste Anlaufstelle. Ein persönliches Treffen mit dem Volunteer Management Team Franziska und Larry.

Wir erhalten unsere Akkreditierung, die Volunteer Bekleidung und das Volunteer Handbuch. Nach dem Eintrag auf der großen Volunteerwand ist ein abschließendes Selfie selbstverständlich.

Nun ist es also soweit, die Spiele können beginnen. In den folgenden Tagen besuche ich die Sportstätten in Berlin.

Am 17.6. fand auf dem Gelände des Olympiaparks das KICK OFF Treffen der Key Volunteers. Ein Wiedersehen mit vielen bekannten Gesichtern.

Volunteers sind eben wie eine große Familie

19. Juni 2022 Die Eröffnungsfeier

Nun endlich ist der große Tag gekommen.
Die **SPECIAL OLYMPICS** NATIONALE SPIELE BERLIN 2022 werden mit einer großen Show, dem Offiziellen Zeremoniell und einem abschließenden Feuerwerk im Stadion an der Alten Försterei, dem Heimstadion vom 1.FC Union Berlin e.V. eröffnet. Das in Berlin Köpenick gelegene Stadion mit ca. 22500 Zuschauer, umgeben einerseits von der Wuhle, anderseits vom Wald ist ein schöner Rahmen für die Eröffnungsfeier.

Die Planung des Orgateams der Eröffnungsfeier hatte eine Athletenparade vorgesehen, bei der alle Athleten einer Delegation gemeinsam ins Stadion laufen und sich in die für jede Delegation der Bundesländer reservierten Plätze auf dem Spielfeld einfinden.

Aufgrund der hohen Temperaturen in Berlin wurde dieser Plan jedoch kurzfristig den außergewöhnlichen Umständen angepasst.

Ab 18.00 Uhr Eintreffen der Athlet*innen mit Betreuern, die von Volunteers (Seater) zu den reservierten Platzen geleitet werden. Während dieses Zeitraums spielen zwei inklusive Bands.

Dennis Mellentin Athletensprecher SO Berlin

Seit 2008 übt er die Sportart Radfahren aus, 2011 kam Fußball dazu. „Ich trainiere zweimal die Woche. Einmal Fußball und einmal Fahrrad", so der Athletensprecher. Er ist mittlerweile acht Jahre bei Special Olympics aktiv. Am liebsten blickt er zurück auf die Nationalen Sommerspiele 2010 in Bremen. „Da habe ich einmal Gold und einmal Silber und einmal den 5. Platz bei den Radsportwettbewerben geholt", sagt er stolz. Aber auch bei den Nationalen Sommerspiele 2016 in Hannover war Dennis Mellentin erfolgreich.

Mit dem Team Germany war er 2019 bei den SPECIAL OLYMPICS WORLD SUMMER GAMES in Abu Dhabi.

Bei den Nationalen Spielen Berlin 2022 und den Weltspielen Berlin 2023 wird er nicht als aktiver Athlet teilnehmen.

Auf seiner Akkreditierung steht: Manager Athleteneinbindung.

<u>www.berlin2023.org</u> / Mach Mit

Das Projekt Athleteneinbindung – Orte für den Austausch -
beinhaltet die Themen
Netzwerktreffen, Athletenforum, Internationaler Athletenkongress
und
Digitaler Stammtisch.

19. Juni 2022 Eröffnungfeier der

SPECIAL OLYMPICS NATIONALEN SPIELE BERLIN 2022

Franziska Schenk und Sebastian Urbanksi begrüßen alle Gäste im Stadion. Anschließend startet der Einmarsch der Delegationen:

Abwechselnd von der Wuhle- und Waldseite laufen die Athletensprecher*innen mit den Volunteer Schilderträgern ins Stadion und gehen unter großem Jubel zum jeweiligen Block ihrer Delegation.

Die internationalen Delegationen
SO Belgium, SO Denmark, SO Great Britain, SO Hungary, SO Ireland, SO Italy, SO Korea, SO Netherlands, SO Norway, SO Poland, SO Slovakia, SO Spain, SO USA werden sehr herzlich im Stadion begrüßt.

Als letzte Delegationsvertreter läuft traditionsgemäß die Landesvertretung des Gastgebers der Spiele ein.

Ja, ich bin sehr stolz, daß ich als Schildträgerin SO BERLIN zusammen mit Dennis Mellentin ins Stadion einlaufen darf. Ein für mich unvergesslicher Moment.

Das Moderatoren Team begrüßt die Offiziellen:
den Athletensprecher SOD Mark Solomeyer
die Senatorin für Inneres, Digitalisierung und Sport Iris Spranger
die Staatssekretärin im Bundesministerium des Innern und für Heimat Juliane Seifert und
die Präsidentin Special Olympics Deutschland Christiane Krajewski

It's Show Time

Foto © 2022 Peter Grabowsky

Offizielles Zeremoniell

Zwei inklusive Bands hatten zu Beginn der Feier viele Aktive auf dem Rasen zum Tanzen animiert und so für eine ausgelassene Stimmung mit langen Polonaisen gesorgt. Den Haupt-Act gestaltete die Berliner Band MiA, die mit Hits wie "Tanz der Moleküle" und "Fallschirm" vor einigen Jahren Bekanntheit erlangte und die Aktiven zum Tanzen brachte.

Nach der Show wird die Fahne der Special Olympics von sechs Athlet*innen ins Stadion getragen. Begleitet wird dies von der Hymne „Ich gewinn auch wenn ich Letzter, Erster oder Zweiter bin" von Claudia Emmanuela Santoso, 2019 die Gewinnerin der TV-Show "The Voice of Germany" und dem Gitarristen Uwe Bossert.

Die Fahne wird gehisst.

Special Olympics Eide -

Eid der Athlet*innen -
Ich will gewinnen, doch wenn ich nicht gewinnen kann, will ich mutig mein Bestes geben.

Eid der Trainer*innen -
Im Namen aller Trainerinnen und Trainer um im Geiste der sportlichen Fairness und Teilnehmer gelobe ich ein professionelles Verhalten sowie Respekt gegenüber allen. Ich tue alles für erstklassige Wettbewerbe in einer sicheren Atmosphäre für alle Athletinnen und Athleten.

Eid der Unparteiischen -
Im Namen aller Kampfrichtenden und Offiziellen gelobe ich, dass wir objektiv urteilen und im Geiste des Sports die Regeln bei den Nationalen Spielen respektieren und befolgen werden.

Die Flamme wird von sechs Athlet*innen hereingebracht und gemeinsam entzündet.

Iris Spranger :
Hiermit erkläre ich die **SPECIAL OLYMPICS NATIONALEN SPIELE BERLIN 2022** für eröffnet.

21. Juni 2022

Nachdem am Montag die meisten Sportarten in den Klassifizierungswettbewerben stattgefunden haben, geht es ab heute um die begehrten Medaillen.

Die Straße des 17. Juni am Brandenburger Tor bildet das Spalier für den Beginn meiner Tour **Nationale Spiele Berlin 2022**

der Sportart **Rad:**

Bei den Nationalen Spielen gibt es 15 Disziplinen in 3 Kategorien – Zeitfahren und Straßenrennen. 1. Kurzstrecke – 2. Mittelstrecke – 3. Langstrecke

Bild Reihe 1 rechts
Volunteer Tandem Team Kerstin Ortmann mit Sohn Linus aus Hamburg

Bild Reihe 2 - 4

6 Athleten 4 x GOLD, 2 x SILBER 2 x BRONZE
SO Baden Württemberg – Schule am Winterrain
Monika Piechaczak Head of Delegation www.schule-am-winterrain.de

7 Athlet*innen incl. 2 Unified Partner*innen 2 x GOLD 2 x SILBER
SO Baden Württemberg – Alb Schule Karlsruhe
Simone Aydt Head of Delegation www.albschule.de

Robert Herberg SILBER SO Berlin – SG RBO Berlin e.V.

22. Juni 2022

Am Mittwoch stand ein Besuch im Olympiapark auf dem Programm, ein Shuttle Bus brachte mich vom U-Bahnhof Olympiastadion bis zum Hans-Braun-Stadion, dem Veranstaltungsort der Sportart **Leichtathletik**.

Die Sportart Leichtathletik, bei der fast 700 Athlet*innen in verschiedenen Disziplinen, u.a. Laufen, von 100m bis 10 000m, als Team- oder Einzelwettbewerbe, ihre Bestleistungen zeigten. Bei den anschließenden Siegerehrungen gab es vielleicht kleine Enttäuschungen, aber allgemein herrschte super Stimmung bei allen Beteiligten.

So sehen Sieger aus

Bild 2. Reihe

SO Berlin Helene Häusler Schule Berlin
www.helene-haeusler-schule.de
insgesamt 10 x GOLD – 5 x SILBER 3 x Bronze gewonnen
Colin Joel Kroening und Ian Tomek Jouhsen

Bild Reihe 3 und 4

SO Niedersachsen – Gudrun Pausewang Schule
Pierre-Jerome Koerner SILBER und Jan Luca Baumann BRONZE

Bei dem Besuch in der Messehalle 1.2. steht die Sportart **Badminton**
(2 von 3 Disziplinen - gesamt 85 + 4 Unified Partner*innen) auf dem Programm.
Auf den verschiedenen nach Berliner Stadtteilen benannten Plätzen treten jeweils in einer
Gruppe drei Teams gegeneinander an.

Charlottenburg:

SO BAYERN SCHUEPFERLING - ANDREY LAMERT & TOBIAS SCHUEPFERLING GOLD

SO SCHLESWIG HOLSTEIN - VORWERKER DIAKONIE GGMBH UDO KLAUS NISSEN & CHRISTIAN SCHAAF SILBER

SO RHEINLAND PFALZ - LEBENSHILFE SUEW VIKTOR HATZENBVUEHLER & RUDOLF SCHNEIDER BRONZE

Havel:

SO HESSEN - LEBENSGEMEINSCHAFT SASSEN / RICHTHOF DORON GAUL & NICOLE BERGMANN GOLD

SO HESSEN - LEBENSGEMEINSCHAFT SASSEN / RICHTHOF MARC HERZMANN & JOHANNA KLEMEYER SILBER

SO NIEDERSACHSEN - LEBENSHILFE WOLFSBURG GGMBH BETTINA REITZ & SINA STIEGHAN BRONZE

Kreuzberg:

SO SCHLESWIG HOLSTEIN -VORWERKER DIAKONIE GGMBH CHRISTOPH N. LEITNER & TOBIAS GROTH GOLD

SO RHEINLAND PFALZ - LEBENSHILFE SUEW ANDREAS APPELMANN & KEVIN WEIGEL SILBER

SO HESSEN - ANTONIUS NETZWERK MENSCH ERWIN BAEUML & SERGEY STINTMANN BRONZE

Lichtenberg:

SO NIEDERSACHSEN LEBENSHILFE WOLFSBURG GGMBH KLAUS LINDEMANN & SVEN MARLOW GOLD

SO SCHLESWIG HOLSTEIN – VORWERKER DIAKONIE GGMBH BERND BEKEMEYER & CHRISTIAN STAHL SILBER

SO NORDRHEIN-WESTFALEN – CHRISTOPHORUS SCHULE DUEREN Jason Reiche & DOMINIK THIELE BRONZE

Pankow:

SO IRELAND – SIMON LOWRY & MICHEL FAHY GOLD

SO NIEDERSACHSEN - LEBENSHILFE BRAUNSCHWEIG e.V. JAN SCHILLER & CELAL YIGITALP SILBER

SO HESSEN - LEBENSGEMEINSCHAFT SASSEN / RICHTHOF NICOLAUS DELIUS & AXEL BOELLERT BRONZE

Quelle: www.berlin2022.org/ Zeitplan und Ergebnisse/Sport/22.6.2022

Die Siegerehrung wurde von Oliver Senger, SO Niedersachsen vorgenommen

Das Badminton Double auf Spielfeld Spree fand mit Athlet*innen von SO BERLIN statt.

SO BERLIN – SG RBO BERLIN E.V.
STEFANIE ADAMCZEWSKI & SYLVIA DILL

SO NIEDERSACHSEN – LEBENSHILFE BRAUNSCHWEIG E.V.
NATALIE DITTRICH & JENS NOLTEKUHLMANN

SO HESSEN – ANTONIUS NETZWERK MENSCH
ERIKA MECHLER & AUGUST GEIGER

SO BERLIN – SG RBO BERLIN E.V.	SO HESSEN – ANTONIUS NETZWERK MENSCH
STEFANIE ADAMCZEWSKI & SYLVIA DILL	**ERIKA MECHLER & AUGUST GEIGER**
2	0
SO NIEDERSACHSEN – LEBENSHILFE BRAUNSCHWEIG E.V.	SO HESSEN – ANTONIUS NETZWERK MENSCH
NATALIE DITTRICH & JENS NOLTEKUHLMANN	**ERIKA MECHLER & AUGUST GEIGER**
2	0
SO NIEDERSACHSEN – LEBENSHILFE BRAUNSCHWEIG E.V.	SO BERLIN – SG RBO BERLIN E.V.
NATALIE DITTRICH & JENS NOLTEKUHLMANN	**STEFANIE ADAMCZEWSKI & SYLVIA DILL**
0	2

Was für eine Freude, das Team SO BERLIN – SG RBO BERLIN E.V. hat GOLD gewonnen.

Quelle: www.berlin2022.org/ Zeitplan und Ergebnisse/Sport/22.6.2022

Bildreihe unten: **Sylvia Dill** (links) & **Stefanie ADAMCZEWSKI** – stolz und zu Tränen gerührt

Die Siegerehrung wurde vorgenommen von Staatssekretärin für Sport Dr. Nicola Böcker- Giannini

Präsidentin SO Berlin Karin Halsch und Geschäftsführer SO Berlin Philipp Bertram

Beim **Unfied Badminton** Wettbewerb gab es ein Wiedersehen mit

Daniela Huhn

die ich 2010 bei den Nationalen Spiel Bremen 2010 kennengelernt habe.
Dani ist ein herzlicher Mensch, die immer gute Laune ausstrahlt und mit der man ganz viel Spaß
haben kann. Vom Frauenfussball hat sie gewechselt zum Unified Badminton und bildet mit
Andrea Eichner, mit der sie seit ca. sechs Monaten trainiert, ein Team.

Vier Teams nehmen an diesem Wettbewerb teil:

SO NIEDERSACHSEN – LEBENSHILFE WOLFSBURG GGMBH
STEFANIE KIEHNEL & CHRISTIANE VELLING
SO NIEDERSACHSEN – LEBENSHILFE WOLFSBURG GGMBH
KEVIN GEFFERS & DUSTIN BEIER
SO NIEDERSACHSEN – LEBENSHILFE WOLFSBURG GGMBH
DAVID BUSSMANN & NIKLAS BARTELS
SO BERLIN SG RBO BERLIN E.V.
DANIELA HUHN & ANDREA EICHNER

Das abschließende Entscheidungsspiel

SO BERLIN SG RBO BERLIN E.V. - **DANIELA HUHN & ANDREA EICHNER**   gegen

SO NIEDERSACHSEN – LEBENSHILFE WOLFSBURG GGMBH - **KEVIN GEFFERS & DUSTIN BEIER**

können die Berlinerinnen mit 2 : 0 Sätzen (21:17 und 21:16) für sich entscheiden und somit die

Bronze Medaille gewinnen. Was für eine Freude.

Quelle: www.berlin2022.org/ Zeitplan und Ergebnisse/Sport/22.6.2022

Traditionsgemäß erfolgen zu der Sportart **Fußball** die höchste Zahl von Anmeldungen. So waren an den vier Wettbewerbstagen mehr als 800 Athlet*innen mit 130 Unified Partner*innen im Fußball aktiv. Die Beteiligung von ausländischen Delegationen bei den Frauen, SO Spain, SO Netherlands und SO Denmark, die in ihrer Gruppe die GOLD Medaille gewonnen haben, gaben dem Wettbewerb einen internationalen Touch.

Beim Rundgang auf dem Maifeld habe ich Andreas Spieretzke getroffen. Einer von 35 Schiedsrichtern, die bei den Spielen genau darauf achteten, dass sich alle Athlet*innen entsprechend den Regeln des Special Olympics Fußball Wettbewerbs verhalten.

Meine Frage „Haben Athlet*innen schon eine Gelbe oder Rote Karte von dir gezeigt bekommen?" beantwortet er mit einem Lächeln und Augenzwinkern: „Ja, ein Athlet hat sich nach einem Torerfolg das Trikot ausgezogen, dafür hat er natürlich die Gelbe Karte gesehen, 5 Minuten später hat er wieder ein Tor geschossen. Ich konnte ihn gerade noch rechtzeitig davor bewahren die Rote Karte zu bekommen und ihm gesagt, lass dein Trikot an, auch wenn du noch drei Tore erzielst."

SO Brandenburg Lebenshilfe Brandenburg Potsdam

vertreten in den 3 Sportarten Athletics, Kayaking, Swimming mit 24 Athlet*innen

9 x GOLD, 8 x SILBER, 7 x BRONZE, 7 x 4.Platz, 1 x 5.Platz ,1 x 6. 2. Platz , 1 x 7.Platz

Erfolgreiches Team Athletics, links mit dem SO Brandenburg Headcoach Matthias Pietschmann

SPECIAL OLYMPICS NATIONALE SPIELE BERLIN 2022 - SO Berlin

Nachfolgende Einrichtungen für Behinderte und Sportvereine von SO Berlin waren mit großem Einsatz in den meisten Sportarten sehr erfolgreich und freuen sich über insgesamt mehr als einhundert GOLD- SILBER- und BRONZE Medaillen.

- BEHINDERTEN SPORTVEREIN KÖPENICK E.V.
- BERLINER WERKSTÄTTEN FÜR MENSCHEN MIT BEHINDERUNGEN
- HELENE-HÄUSLER-SCHULE
- NORDBERLINER WERKGEMEINSCHAFT GGMBH
- RATHENOW
- SC VFJ BERLIN
- SCL SPORTCLUB LEBENSHILFE BERLIN E.V.
- SG RBO BERLIN E.V.
- SG REHABILITION BERLIN-LICHTENBERG E.V.
- SPORTCLUB WOHNWERKSTÄTTEN E.V.
- SPORTVEREIN INKLUSIV JOHANNESSTIFT E.V.
- STEPHANUS-WERKSTÄTTEN BERLIN GGMBH
- TROLLST
- TURN-UND SPORTVEREIN SPANDAU 1860 E.V.
- UNIONHILFSWERK SOZIALEINRICHTUNGEN GGMBH
- USE – UNION SOZIALER EINRICHTUNGEN GGMBH

Quelle: www.berlin2022.org / Delegationen

LLC Marathon Regensburg e.V. – LLC Integrative Gruppe

Das Motto dieser Laufgemeinschaft

"WAS WIR ALLEINE NICHT SCHAFFEN, DAS SCHAFFEN WIR GEMEINSAM"

hat mich sehr beeindruckt.
Bei der Leichtathletik - 100m, 200m, 400m, 1500m, 5000m, 10000m, 4x100m, 4x400m waren
9 Athlet*innen, davon 2 Unified Partner*innen , am Start.
Insgesamt kehren sie mit
18 Medaillen (2 x Gold, 6 x Silber und 10 x Bronze) wieder zurück nach Regensburg.

www.llc-marathon-regensburg.de

Das Sportangebot in der Stadt war enorm vielfältig, so dass ich in der kurzen Zeit gar nicht alle Sportstätten besuchen konnte.

Ein Besuch im Olympiapark beim Gesundheitsprogramm, ein kurzer Blick in die Sporthallen, beim Boccia und Handball, waren aber selbstverständlich.

Am Abend dann noch zum Alexanderplatz, wo in der Veranstaltungswoche rund um den Neptunbrunnen ein abwechslungsreiches Programm auf Bühnen und an Ständen geboten wurde.

In den Medien wurde umfangreich über die Spiele berichtet. Informationen konnte man jederzeit auf der Webseite www.berlin2022.org und in der App erhalten.

Der Sportsender SKY und der RBB begleiteten ebenfalls die Spiele. Täglich berichtete SKY in einem Beitrag von den Sportstätten.

Empfehlenswert ist auch die Dokumentation vom RBB, die in der ARD Sportschau Mediathek noch bis 18.6.2023 zu sehen ist.

Unser Leben – Special Olympics Die Spiele ohne Grenzen

Special Olympics Deutschland, Landesverband Niedersachsen

Mit der Sportart Reiten ist Special Olympics Niedersachsen sehr eng verbunden.

Seit 2018 engagiert sich die international erfolgreiche Springreiterin

MEREDITH MICHAELS-BEERBAUM

als Schirmherrin für den Landesverband Special Olympics Niedersachsen.

Sportliche Erfolge:

EM-Gold Einzel 2007, EM-Gold Team 2005, 1999, Olympische Spiele Bronze in Rio Team 2016, 4. Platz Einzel in Hongkong/ Beijing, Weltmeisterschaften Gold Team 2010.
Meredith Michaels-Beerbaum war 2004 die erste und ist bislang die einzige Frau an der Spitze der Weltrangliste im Springreiten.
www.specialolympics.de Landesverbände / LV Niedersachsen

Daher war es ein besonderer Wunsch, vom 1.Vizepräsidenten SO Niedersachsen Oliver Senger beim Reiten die Siegerehrung vorzunehmen.

Reiten und Voltigieren bei den Nationalen Spielen Berlin 2022

Der Reitclub am Olympiastadion Berlin am S Bahnhof Pichelsberg war Veranstaltungsort. In 5 Disziplinen 1. Springreiten – 2. Dressurreiten – 3. Reiterwettbewerb, English Equestrian – 4. Unified-Kostümpaarklasse – 5. Voltigieren - dieser Unified Sportart gingen ca. 100 Athlet*innen mit ca. 20 Unified Partner*innen mit internationaler Beteiligung von SO Denmark, Great Britain, SO Ireland, SO Norway an den Start.

Prix Caprilli

Am Donnerstag, dem vorletzten Wettbewerbstag im Reiten stehen im Reiterstadion der Prix Caprilli und das Unified Kostümpaarklasse auf dem Programm

Prix Caprilli ist eine kombinierte Dressur Aufgabe im Schritt, Trab und Galopp mit 4 zusätzlichen Sprüngen. Der Ablauf des Wettbewerbs folgt einer detaillierten Vorgabe, u.a. wird die Gang-Art Schritt eingelegt und dabei grundsätzlich im Mittel – Schritt geritten. Beim Trab wird leicht-traben eingelegt, bei vorgegebenen Galopp wird im Hand-Galopp geritten.

Bei dieser anspruchsvollen Form der Reitveranstaltung gab es zwei Teilnehmer:

Jaycon Schlesinger aus Monheim am Rhein
SO Nordrhein-Westfalen Schlesinger Hupperts

und

Amadeus Colsman aus Essen
SO Nordrhein-Westfalen – Colsman

Die Besucher auf der gut gefüllten Tribüne haben eine tollen und fairen Wettbewerb gesehen, Jaycen Schlesinger gewann knapp vor Amadeus Colsman und beiden war bei der Siegerehrung der Stolz über die gewonnene Medaille anzusehen.

www.berlin2022.org (Dokumentation der Sportart Reiten unter Sportarten/Reiten)

Unified-Kostümpaarklasse

Am Wettbewerb Unified Kostümpaarklasse können Mannschaften von zwei bis vier Reiter*innen teilnehmen, die ihr selbst gewähltes Programm aus verschiedenen Reitübungen und Hufschlag Figuren entsprechend den Regeln der Dressur in einer vierminütigen Kür mit Musikbegleitung ein Thema darstellen.

Nach der Darbietung der fünf Athlet*innen mit ihren Unified Partner*innen, die alle mit sehr farbenprächtigen Kostümen und Pferde entsprechend dem vorgetragenen Thema geschmückt waren, konnten die zahlreichen Besuchern der Veranstaltung allen Siegern zujubeln und viele Erinnerungsfotos machen. Nach einer sehr knappen Entscheidung der Punktrichter stand das Ergebnis fest und Oliver Senger hatte auch viel Freude bei der Medaillenzeremonie.

Gold Medaille

Sandra Manuela Junginger & Mona Bengelmann
SO Baden-Württemberg – Reitsportgemeinschaft Ugenhof e.V.

Silber Medaille

Malin Paegelow & Luisa Fuzzy
SO Nordrhein-Westfalen – Verein für Reittherapie Werne e.V.

Bronze Medaille

Elena Brauswetter & Luisa Brauswetter
SO Nordrhein-Westfalen – Brauswetter

4.Platz

Mia Wünsch & Lilith Geisler
SO Nordrhein-Westfalen – Verein für Reittherapie Werne e.V.

5.Platz

Karin Eva Muensch & Alisa Hamzic
SO Baden-Württemberg – Reitsportgemeinschaft Ugenhof e.V.

Quelle: www.berlin2022.org/Sport/Reiten

24.Juni 2022

Die Abschlußfeier der Nationalen Spiele Berlin 2022 fand am Brandenburger Tor statt. Auf der Straße des 17.Juni war ein abgesonderter Bereich für Athlet*innen und Betreuer*innen reserviert, in welchem sich die Delegationen treffen, austauschen und ausgelassen feiern konnten.

Mit dabei sicher auch die ausländischen Delegationen, die auf erfolgreiche
    SPECIAL OLYMPICS NATIONALE SPIELE BERLIN 2022 zurückblicken können.
Mit 32 Gold – 30 Silber – 34 Bronze Medaillen fahren sie zurück in die Heimat.

Die Bands Beat n Blow, Station 17 und weitere Musiker laden alle Beteiligten zu einer großen Party ein.

Begrüßung durch das Moderatoren Team Franziska Schenk und Sebastian Urbanski
Dankesworte der Bundestagspräsidentin Bärbel Bas
„Herzlichen Glückwunsch zu ihren Erfolgen. Sie können alle verdammt stolz auf sich sein."

Das offizielle Zeremoniell:

Claudia Emmanuela Santoso singt die Hymne:

„Ich gewinn – auch wenn ich Letzter , Erster oder Zweiter bin...."

Juliana Rößler, Gewinnerin einer Gold und Bronze Medaille beim Sportwettbewerb Kayak
und
Karina Küster, Gewinnerin einer **Bronze** Medaille beim Bowling Doubles M01

betreten mit der Fahne die Bühne und übergeben diese an die

Regierende Bürgermeisterin von Berlin **Franziska Giffey** – Weitergabe an den

Athletensprecher SOD **Mark Solomeyer** – Weitergabe an die

Präsidentin SOD **Christiane Krajewski** – Weitergabe an den

Präsidenten SO Thüringen **Rolf Beilschmidt -** Weitergabe an

Martina Reinhardt, Mitarbeiterin im Ministerium für Bildung, Jugend und Sport Thüringen –
Weitergabe an
Athletensprecher SO Thüringen **Manuel Wehner**

Special Olympics Thüringen ist Ausrichter der

SPECIAL OLYMPICS NATIONALE WINTERSPIELE 2024
in Oberhof, Erfurt und Weimar

Franziska Giffey sprach vor Zehntausenden die Abschlussformel:

„Hiermit erkläre ich die Spiele für beendet"

Die Special Olympics Flamme erlischt.

DIE GESICHTER DER SPIELE BERLIN 2022

Special Olympics Athlet **Robert Herberg**

Der Radsportler, seit 2006 siebenmaliger Teilnehmer an Nationalen Spielen und den World Games 2015 in Los Angeles und 2019 in Abu Dhabi,freut sich über seine gewonnene GOLD und SILBER Medaille bei den Spielen BERLIN 2022.

und

Lilly Binder

von SO Brandenburg SG Schwanebeck 98 e.V., kehrt mit einer SILBER Medaille, gewonnen im Unified Team in der Leichtathletik beim 4 x 100 m Lauf U02, wieder nach Hause zurück.

It's Party Time

Die Bands Graf Fidi und Station 17 sorgten für eine phantastische Stimmung.
Der Zirkus Walking Act mit seinen Figuren auf Stelzen mischte sich unter großem Jubel unter die tanzenden und feiernden Besucher*innen.

Ein farbenprächtiges Feuerwerk über dem Brandenburger Tor beendete die Abschlußfeier.

ICH WAR DABEI - Sebastian Urbanski & Franziska Schenk

Sebastian Urbanski ist ein deutscher Schauspieler und Synchronsprecher mit dem Down – Syndrom. 2015 schrieb er gemeinsam mit seiner Mutter und einer Ghostwriterin seine Autobiographie "Am liebsten bin ich Hamlet". Sebastian Urbanski ist seit Anfang 2019 im Vorstand der Bundesvereinigung Lebenshilfe e.V.

Franziska Schenk, der Bronze Medaille Gewinnerin 1993 im 500m Eisschnelllauf, gehört seit 2012 zum Team der ARD-Sportschau, in der sie sonntags das aktuelle Sportgeschehen präsentiert.

Bereits seit den Special Olympics Winterspielen 2011 in Altenberg ist sie regelmäßig bei Special Olympics Sport Events als Moderatorin dabei.

Beide konnte ich bei den Proben zur Eröffnungsfeier der
SPECIAL OLYMPICS NATIONALE SPIELE BERLIN 2022 im Stadion an der Alten Försterei, treffen.

Sebastian ist ein herzlicher und offener Mensch, der begeistert ist von der Atmosphäre und Stimmung schon bei den Proben in Vorfreude auf die am Sonntag Abend stattfindende Eröffnungsfeier und auf die Abschlußfeier am 24.6.2022 am Brandenburger Tor.

Mit dem Vorhaben dieses Buch

ICH WAR DABEI - SPECIAL OLYMPICS NATIONALE SPIELE BERLIN 2022

zu schreiben und meine Erlebnisse, Erfahrungen und Begegnungen zu dokumentieren, entstand die Idee, einen Buddy Bär zu bemalen. Diesen habe ich dann Sebastian vor Beginn der Abschlußfeier überreicht.

SPECIAL OLYMPICS NATIONALE SPIELE BERLIN 2022

SPECIAL OLYMPICS NATIONALE SPIELE BERLIN 2022

SPECIAL OLYMPICS WORLD GAMES BERLIN 2023

„Nach den Spielen ist vor den Spielen". Nach Abschluß der

SPECIAL OLYMPICS NATIONALEN SPIELE BERLIN 2022

laufen die Planungen und Vorbereitungen der Weltspiele auf vollen Touren. Vorgesehen sind bis zu 7000 Athlet*innen und Unified Partner*innen mit über 200 internationalen Delegationen, die in 24 Sportarten an 14 Sportstätten an 9 Wettbewerbstagen im Juni 2023 ihre Bestleistungen zeigen und um die begehrten Medaillen kämpfen wollen.

Zusätzlich zu den allgemeinen Vorbereitungen für dieses große Sport Event sind mehrere Projekte als Rahmenprogramm vorgesehen, u.a. das Host Town Programm, Unified Generation, das schon bekannte Healthy Athletes® Programm und das Projekt Athleteneinbindung.

Das Host Town Programm sieht vor, daß 216 kommunale Städte aus den 16 Landesverbänden von Special Olympics Deutschland für vier Tage vor den Spielen im Juni 2023 für eine ausländische Delegation Gastgeber sein werden.

Zusätzlich sind für die Weltspiele 2023 Wettbewerbe im Basketball 3x3, Futsal, Rhythmische Sportgymnastik, Segeln und den Demonstrationssportarten Hockey und Rudern in Vorbereitung.

www.berlin2023.org

Die Eröffnungsfeier der Weltspiele ist im Olympiastadion Berlin geplant

Mein Traum von Olympia

Für Sportler*innen ist Olympia das Allergrößte.

Als Volunteer ist es nicht anders. Auch ich habe davon geträumt in welcher Funktion auch immer, ob Sommer- oder Winterspiele, einmal bei Olympia dabei zu sein.

Mein Ziel : Olympic Games TOKYO 2020 - www.tokyo2020.org.

Nach zwei Stunden am 17.11.2018 (vier Tage nach Vergabe der Special Olympics Summer World Games 2023 nach Berlin) war dann die Onlinebewerbung erledigt.
Dear BARBARA ELLEN,
 （1118505）
The information on your application form has been updated. Please log in to the Games Volunteer My Page to confirm the data update.
■ Games Volunteer My Page
　 https://volunteer.tokyo2020.org
Am Freitag, den 13. (13.9.2019) erhielt ich dann eine Nachricht.

（日本語表記については、英語表記の下欄に記載されています。）
===
　◇◇Tokyo 2020 Games Volunteer Application: Matching Stage Results◇◇
===
SPECKNER BARBARA ELLEN-san
（1118505）
Thank you for applying to the Tokyo 2020 Games volunteer programme. We would like to extend our sincere gratitude to you and to the more than 200,000 other applicants for your interest and enthusiasm in supporting the Tokyo 2020 Games.
SPECKNER BARBARA ELLEN 様
 （1118505）
この度は、東京2020大会の大会ボランティアにご応募頂き誠に有難うございました。心より御礼申し上げます。また、２０万人を超える多くの方にご応募頂き、大変有難く感謝申し上げております。
東京2020組織委員会では、応募フォームにおいて皆様が選択された「希望する役割」「希望する活動場所」等と、8万人分のボランティアの役割、活動場所等とを照らし合わせる「マッチング」を慎重に行わせて頂きました。

Wie jeder weiß ist TOKYO2020 verschoben worden und fand 2021 ohne Zuschauer statt.

BEIJING 2022

Ende Juli 2015 hat das IOC den Ausrichter der Olympischen Winterspiele 2022 & Winter - Paralympics 2022 benannt.

Die **XXIV. Olympischen Winterspiele** (chinesisch: 2022 年冬季奥林匹克运) fanden vom 4. bis zum 20. Februar 2022 & die **XIII. Winter-Paralympics** (chinesisch 2022 年冬季残疾人奥林匹克运) vom 4. bis 13. März 2022 in Peking statt.

Schon bei meinem zweiten Besuch in China im November 2015 hatte ich den Entschluß gefasst : Wenn es möglich ist möchte ich wie schon 2014 (also 8 Jahre nach meinem ersten Besuch in Beijing – Die Zahl 8 ist in China eine Glückszahl) am 7.2. 2022 meinen Geburtstag (65.) in China verbringen. (Habe ich eigentlich schon erwähnt, dass der letzte Kaiser von China - Pǔyí 溥儀 – auch an einem 7.2. geboren wurde ?) Vielleicht wird mein Traum wahr, die Opening Ceremony am 4.2.2022 im Olympiastadion von Peking – Vogelnest - live zu erleben.

Das Volunteer Programm startete am 5.12.2019. Nur wenige Tage vor dem Beginn der Olympischen Winterspiele war in den Medien zu lesen : Über 1 Million Bewerbungen als Volunteer sind eingegangen, www.beijing2022.cn, es werden 27 000 im Februar und 12 000 im März im Alter von 18 – 35 Jahren im Einsatz sein.

XXIV Olympischen Winterspiele (chinesisch: 年冬季奥林匹克运) 2022

Am 20.2.22 (8 !) fand die Closing Ceremony statt. Natürlich habe ich an den folgenden Tagen und Nächten bis zur Abschlußfeier der

XIII. Winter-Paralympics (chinesisch 2022 年冬季残疾人奥林匹克运) bis 13. März 2022 viel Zeit vor dem Fernsehgerät verbracht.

ICH WAR DABEI 我在那里 Wǒ zài nàlǐ

Athletensprecher SO Berlin Dennis Mellentin:

„Die Weltspiele im nächsten Jahr in meiner Heimatstadt. Das ist super"

Diesem Satz kann ich mich nur anschließen.

Stellvertretend für die über 200 ausländischen Delegationen, die nach Berlin reisen werden waren von Mai bis Oktober diesen Jahres die United Buddy Bear Ausstellung in den Gärten der Welt in Berlin Marzahn. Ihr Motto „RESPECT FOR ALL LIFE" gilt m.E. auch für das Motto der

SPECIAL OLYMPICS WORLD GAMES BERLIN 2023

#ZusammenUnschlagbar

Berlin 8.8.2022 Barbara Ellen Speckner

SEI DABEI

SPECIAL OLYMPICS WORLD GAMES BERLIN 2023

www.berlin2023.org

Bei den SPECIAL OLYMPICS WORLD GAMES BERLIN 2023 werden bis zu 20 000 Volunteers im Einsatz sein. Zu deren Einsatzbereichen gehören:

Akkreditierung, Besucherservice, Catering, Delegationen, Einlasskontrolle, Familien, Gastfreundschaft, Kommunikation, Logistik, Marketing, Medien, Nachhaltigkeit, Rahmenprogramm, Sport, Sportstätten, Technik, Transport, Unterkünfte, Verwaltung, Volunteer Management und Zeremonien.

Weiterhin gibt es spezielle Aufgabenbereiche, bei denen eine Einsatzzeit von mehr als fünf Einsatztagen vorgesehen ist, dazu gehören der Einsatz als Key Volunteer, Delegation Assistant Liaison (DAL) , Tandem Team und der Einsatz in einem der sieben Healthy Athletes® Bereiche.

Was ich noch sagen wollte

Oft wurde ich gefragt: Warum machst du das eigentlich, der Aufwand, deine Freizeit, den Arbeitsaufwand der Fotobearbeitung, die Kosten ?. Du bekommst doch gar nichts dafür ! Kein Geld, kein Ruhm usw. Diese Sätze könnte ich noch endlos fortführen.

Meine Antwort: ICH WAR DABEI, weil ich es wollte.

Zugegeben, die Argumente sind schon richtig und nachvollziehbar.

Meine Zeit als Sport – Event – Volunteer waren mitunter sehr anstrengend für mich, über Wochen täglich bis zu fünfzehn Stunden unterwegs, wenig Schlaf, Fotos bearbeiten u.v.m. Auch der Kostenfaktor ist nicht zu verachten. Reisekosten, bis auf wenige Ausnahmen trägt man als Volunteer selbst.

Meine Antwort: ICH WAR DABEI, weil ich es wollte.

Meine Volunteer Zeit sind etwa 888 Tage meiner bisherigen Lebenszeit. Sie gehören zu meinen wichtigsten und sind unbezahlbar.

Die wahre Lebenskunst besteht darin,

im Alltäglichen das Wunderbare zu sehen.

Pearl S. Buck

DANKE

* thank you * Je vous remercie * grazie ** obrigada * gracias *

* 谢谢 Xièxiè * ありがとうございます Arigatōgozaimasu * 감사해요 gamsa haeyo *

Volunteers – ohne euch geht es nicht !

Die Durchführung von Sportevents ist ohne den Einsatz von Volunteers nicht mehr denkbar !

Ohne Volunteers wäre das Athletenleben bei Weitem nicht mehr vorstellbar !

Diesen Erfahrungen kann ich nichts mehr hinzufügen. Es ist so !

DANKE

* thank you * Je vous remercie * grazie ** obrigada * gracias *

* 谢谢 Xièxiè * ありがとうございます Arigatōgozaimasu * 감사해요 gamsa haeyo *

an Alle für euer Lächeln, für die schönen Erlebnisse, für Begegnungen, für Lob und Kritik, für Anregungen und und.........

Ich habe nichts bereut

ausser dem was ich nicht getan habe

Coco Chanel